COMME QUOI
NAPOLÉON
N'A JAMAIS EXISTÉ

OU

GRAND ERRATUM

SOURCE D'UN NOMBRE INFINI D'ERRATA

A NOTER DANS L'HISTOIRE DU XIXe SIÈCLE

PAR

FEU M. J.-B. PÉRÈS, A. O. A. M.

Bibliothécaire de la ville d'Agen.

PARIS

33, RUE DES SAINTS-PÈRES, 33

COMME QUOI

NAPOLÉON

N'A JAMAIS EXISTÉ

PARIS. — IMPRIMERIE DE E. MARTINET, RUE MIGNON, 2.

COMME QUOI
NAPOLÉON
N'A JAMAIS EXISTÉ

OU

GRAND ERRATUM

SOURCE D'UN NOMBRE INFINI D'ERRATA

A NOTER DANS L'HISTOIRE DU XIXe SIÈCLE

PAR

FEU M. J.-B. PÉRÈS, A. O. A. M.

Bibliothécaire de la ville d'Agen.

PARIS

33, RUE DES SAINTS-PÈRES, 33

PRÉFACE

Le petit opuscule qu'on va lire a déjà quarante années d'existence, et il a été réimprimé huit ou dix fois.

Écrit par M. J.-B. Pérès, bibliothécaire de la ville d'Agen, il était, dans la pensée de son auteur, une réfutation du système de Dupuis. On sait, en effet, que l'auteur de l'*Origine de tous les cultes* identifiait les divinités de la Fable avec les constellations, trouvait dans l'histoire des dieux de la mythologie une expression allégorique du cours des astres, et appliquait son étrange théorie à l'histoire de Jésus-Christ : pour lui, le Christ n'était que le soleil, et les douze apôtres les douze signes du zodiaque.

C'est pour réfuter cette prétendue explication, donnée par Dupuis en 12 volumes in-8°, que M. Pérès a imaginé l'ingénieuse plaisanterie que nous rééditons aujourd'hui. Il a suivi en cela le précepte du fabuliste :

> Quand l'absurde est outré, l'on lui fait trop d'honneur
> De vouloir par raison combattre son erreur :
> Enchérir est plus court, sans s'échauffer la bile.

C'est enchérir, en effet, que d'appliquer la théorie de Dupuis à un événement très-rapproché de nous;

c'était en outre donner une preuve de bon sens et d'esprit que de faire cette application, moins de dix ans après la mort de Napoléon Ier, à Napoléon lui-même.

Peut-être pensera-t-on qu'il était inutile de rééditer la réfutation d'un ouvrage, célèbre en son temps, mais tombé dans un juste oubli.

Nous ne l'avons point cru. Indépendamment de l'intérêt que présentent ces pages confiées à notre garde et du devoir que nous avions de ne les point laisser périr, nous ne pouvons nous dissimuler que les théories de Dupuis ont revécu et revivent tous les jours, modifiées et rajeunies. « Ce qui a été, c'est ce qui sera, » disait l'Ecclésiaste, et la science incrédule justifie ce mot en cherchant à ébranler la réalité des récits évangéliques et à nous faire voir des fictions, des allégories, des mythes, là où l'Évangile nous montre des faits.

D'autres ont opposé et opposent à ces tentatives hardies de falsification historique les données de la science et les témoignages du passé. Pour nous, nous croyons aussi qu'on peut faire justice de ces attaques par une raillerie fine et incisive comme celle de notre opuscule.

Puisse ce petit livre mettre beaucoup d'esprits sur les traces de la vérité et, en dissipant quelques préjugés, frayer le chemin au Maître de la vérité !

COMME QUOI

NAPOLÉON

N'A JAMAIS EXISTÉ

———

Napoléon Bonaparte, dont on a dit et écrit tant de choses, n'a pas même existé. Ce n'est qu'un personnage allégorique. C'est le soleil personnifié; et notre assertion sera prouvée si nous faisons voir que tout ce qu'on publie de Napoléon le Grand est emprunté du grand astre.

Voyons donc sommairement ce qu'on nous dit de cet homme merveilleux.

On nous dit :

Qu'il s'appelait Napoléon Bonaparte ;

Qu'il était né dans une île de la Méditerranée ;

Que sa mère se nommait *Letitia;*

Qu'il avait trois sœurs et quatre frères, dont trois furent rois ;

Qu'il eut deux femmes, dont une lui donna un fils ;

Qu'il mit fin à une grande révolution ;

Qu'il avait sous lui seize maréchaux de son empire, dont douze étaient en activité de service ;

Qu'il triompha dans le Midi, et qu'il succomba dans le Nord ;

Qu'enfin, après un règne de douze ans, qu'il avait commencé en venant de l'Orient, il s'en alla disparaître dans les mers occidentales.

Reste donc à savoir si ces différentes particularités sont empruntées du soleil, et nous espérons que quiconque lira cet écrit en sera convaincu.

1° Et d'abord, tout le monde sait que le soleil est nommé Apollon par les poëtes ; or la différence entre Apollon et Napoléon n'est pas grande, et elle paraîtra encore bien moindre si l'on remonte à la signification de ces noms ou à leur origine.

Il est constant que le mot *Apollon* signifie exterminateur; et il paraît que ce nom fut donné au soleil par les Grecs, à cause du mal qu'il leur fit devant Troie, où une partie de leur armée périt par les chaleurs excessives et par la contagion qui en résulta, lors de l'outrage fait par Agamemnon à Chrysès, prêtre du soleil, comme on le voit au commencement de l'*Iliade* d'Homère; et la brillante imagination des poëtes grecs transforma les rayons de l'astre en flèches enflammées que le dieu irrité lançait de toutes parts, et qui auraient tout exterminé si, pour apaiser sa colère, on n'eût rendu la liberté à Chryséis, fille du sacrificateur Chrysès.

C'est vraisemblablement alors et pour cette raison que le soleil fut nommé Apollon. Mais, quelle que soit la circonstance ou la cause qui a fait donner à cet astre un tel nom, il est certain qu'il veut dire exterminateur.

Or *Apollon* est le même mot qu'*Apoléon*. Ils dérivent de *Apollyô* (Απολλυω), ou *Apoleô* (Απολεω) deux verbes grecs qui n'en font qu'un, et qui signifient perdre, tuer, exterminer. De sorte que, si le prétendu héros de notre siècle s'appelait *Apoléon*, il aurait le même nom que le soleil, et il remplirait d'ailleurs toute la signification de ce nom; car on nous le dépeint comme le plus grand exterminateur d'hommes qui ait jamais existé. Mais ce personnage est nommé Napoléon, et conséquemment il y a dans son nom une lettre initiale qui n'est pas dans le nom du soleil. Oui, il y a une lettre de plus, et même une syllabe ; car, suivant les inscriptions qu'on a gravées de toutes parts dans la capitale, le vrai nom de ce prétendu héros était *Néapoléon* ou *Néapolion*. C'est ce que l'on voit notamment sur la colonne de la place Vendôme.

Or, cette syllabe de plus n'y met aucune différence. Cette syllabe est grecque sans doute, comme le reste du nom, et, en grec, *nè* (νη), ou *nai* (ναι) est une des plus grandes affirmations, que nous pouvons rendre par le mot *véritablement*. D'où il suit que Napoléon signifie : véritable exterminateur, véritable Apollon. C'est donc véritablement le soleil.

Mais que dire de son autre nom ? Quel rapport le mot *Bonaparte* peut-il avoir avec l'astre du jour ? On ne le voit point d'abord ; mais on comprend au moins que, comme *bona parte* signifie bonne partie, il s'agit sans doute là de quelque chose qui a deux parties, l'une bonne et l'autre mauvaise ; de quelque chose qui, en outre, se rapporte au soleil Napoléon. Or rien ne se rapporte plus directement au soleil que les effets de sa révolution diurne, et ces effets sont le jour et la nuit, la lumière et les ténèbres ;

la lumière que sa présence produit, et les ténèbres qui prévalent dans son absence; c'est une allégorie empruntée des Perses. C'est l'empire d'Oromaze et celui d'Arimane, l'empire de la lumière et celui des ténèbres, l'empire des bons et celui des mauvais génies. Et c'est à ces derniers, c'est aux génies du mal et des ténèbres que l'on dévouait autrefois par cette expression imprécatoire : *Abi in malam partem.* Et si par *mala parte* on entendait les ténèbres, nul doute que par *bona parte* on ne doive entendre la lumière; c'est le jour, par opposition à la nuit. Ainsi on ne saurait douter que ce nom n'ait des rapports avec le soleil, surtout quand on le voit assorti avec Napoléon, qui est le soleil lui-même, comme nous venons de le prouver.

2° Apollon, suivant la mythologie grecque, était né dans une île de la Méditerranée (dans l'île de Délos); aussi a-t-on fait naître Napoléon dans une île de la Méditerranée, et de préférence on a choisi la Corse, parce que la situation de la Corse, relativement à la France, où on a voulu le faire régner, est la plus conforme à la situation de Délos relativement à la Grèce où Apollon avait ses temples principaux et ses oracles.

Pausanias, il est vrai, donne à Apollon le

titre de divinité égyptienne; mais pour être divinité égyptienne, il n'était pas nécessaire qu'il fût né en Égypte; il suffisait qu'il y fût regardé comme un dieu, et c'est ce que Pausanias a voulu nous dire; il a voulu nous dire que les Égyptiens l'adoraient, et cela encore établit un rapport de plus entre Napoléon et le soleil, car on dit qu'en Égypte Napoléon fut regardé comme revêtu d'un caractère surnaturel, comme l'ami de Mahomet, et qu'il y reçut des hommages qui tenaient de l'adoration.

3° On prétend que sa mère se nommait Letitia. Mais sous le nom de *Letitia*, qui veut dire *la joie*, on a voulu désigner l'aurore, dont la lumière naissante répand la joie dans toute la nature; l'aurore, qui enfante au monde le soleil, comme disent les poëtes, en lui ouvrant, avec ses doigts de rose, les portes de l'Orient.

Encore est-il bien remarquable que, suivant la mythologie grecque, la mère d'Apollon s'appelait *Leto*, ou Lètô (Λητω). Mais si de *Leto* les Romains firent *Latone*, mère d'Apollon, on a mieux aimé, dans notre siècle, en faire *Letitia*, parce que *laetitia* est le substantif du verbe *laetor* ou de l'inusité *laeto*, qui voulait dire inspirer la joie.

Il est donc certain que cette *Letitia* est prise, comme son fils, dans la mythologie grecque.

4° D'après ce qu'on en raconte, ce fils de Letitia avait trois sœurs, et il est indubitable que ces trois sœurs sont les trois Grâces, qui, avec les Muses, leurs compagnes, faisaient l'ornement et les charmes de la cour d'Apollon, leur frère.

5° On dit que ce moderne Apollon avait quatre frères. Or, ces quatre frères sont les quatre saisons de l'année, comme nous allons le prouver. Mais d'abord, qu'on ne s'effarouche point en voyant les saisons représentées par des hommes plutôt que par des femmes. Cela ne doit pas même paraître nouveau, car, en français, des quatre saisons de l'année, une seule est féminine, c'est l'automne; et encore nos grammairiens sont peu d'accord à cet égard. Mais en latin *autumnus* n'est pas plus féminin que les trois autres saisons; ainsi, point de difficulté là-dessus. Les quatre frères de Napoléon peuvent représenter les quatre saisons de l'année; et ce qui suit va prouver qu'ils les représentent réellement.

Des quatre frères de Napoléon, trois, dit-on, furent rois; et ces trois rois sont le Printemps, qui règne sur les fleurs; l'Été, qui règne sur les moissons, et l'Automne, qui règne sur les fruits. Et comme ces trois saisons tiennent tout de la puissante influence du soleil, on nous dit que les trois frères de Napoléon tenaient de lui leur royauté et ne régnaient que par lui. Et quand on ajoute que, des quatre frères de Napoléon, il y en eut un qui ne fut point roi, c'est parce que, des quatre saisons de l'année, il en est une qui ne règne sur rien : c'est l'Hiver.

Mais si, pour infirmer notre parallèle, on prétendait que l'hiver n'est pas sans empire, et qu'on voulût lui attribuer la triste *principauté* des neiges et des frimas, qui, dans cette fâcheuse saison, blanchissent nos campagnes, notre réponse serait toute prête : c'est, dirions-nous, ce qu'on a voulu nous indiquer par la vaine et ridicule principauté dont on prétend que ce frère de Napoléon a été revêtu après la décadence de toute sa famille, principauté qu'on a attachée au village de *Canino*, de préférence à tout autre, parce que *canino* vient de *cani*, qui veut dire les cheveux blancs de la froide vieillesse, ce qui rappelle l'hiver. Car, aux yeux des poëtes, les forêts qui couronnent nos coteaux en sont la chevelure, et quand l'hiver les couvre de ses frimas, ce sont les cheveux blancs de la nature défaillante, dans la vieillesse de l'année :

Cum gelidus crescit *canis* in montibus humor.

Ainsi, le prétendu prince de *Canino* n'est que l'hiver personnifié; l'hiver qui commence quand il ne reste plus rien des trois belles saisons, et que le soleil est dans le plus grand éloignement de nos contrées envahies par les fougueux *enfants du Nord*, nom que les poëtes donnent aux vents qui, venant de ces contrées, décolorent nos campagnes et les couvrent d'une odieuse blancheur; ce qui a fourni le sujet de la fabuleuse invasion des peuples du Nord dans la France, où ils auraient fait disparaître un drapeau de diverses couleurs, dont elle était embellie, pour y substituer un drapeau blanc qui l'aurait couverte tout entière, après l'éloignement du fabuleux Napoléon. Mais il serait inutile de répéter que ce n'est qu'un emblème des frimas que les vents du Nord nous apportent durant l'hiver, à la place des *aimables couleurs* que le soleil maintenait dans nos contrées, avant que par son déclin il se fût éloigné de nous; toutes choses dont il est facile de voir l'analogie avec les fables ingénieuses que l'on a imaginées dans notre siècle.

6° Selon les mêmes fables, Napoléon eut deux femmes; aussi en avait-on attribué deux au Soleil. Ces deux femmes du Soleil étaient la Lune et la Terre : la Lune, selon les Grecs (c'est Plutarque qui l'atteste), et la Terre, selon les Égyptiens; avec cette différence bien remarquable que, de l'une (c'est-à-dire de la Lune), le Soleil n'eut point de postérité, et que de l'autre il eut un fils, *un fils unique;* c'est le petit *Horus,* fils d'Osiris et d'Isis, c'est-à-dire du Soleil et de la Terre, comme on le voit dans l'*Histoire du Ciel,* t. I, page 61 et suivantes. C'est une allégorie égyptienne, dans laquelle le petit *Horus,* né de la Terre fécondée par le Soleil, représente les fruits de l'agriculture; et précisément on a placé la naissance du prétendu fils de Napoléon au 20 mars, à l'équinoxe du printemps, parce que c'est au printemps que les productions de l'agriculture prennent leur grand développement.

7° On dit que Napoléon mit fin à un fléau dévastateur qui *terrorisait* toute la France, et qu'on nomma l'hydre de la Révolution. Or, une hydre est un serpent, et peu importe l'espèce, surtout quand il s'agit d'une fable. C'est le serpent Python, reptile énorme qui était pour la Grèce l'objet d'une extrême terreur, qu'Apollon dissipa en tuant ce monstre, ce qui fut son premier exploit; et c'est pour cela qu'on nous dit que Napoléon commença son règne en étouffant la Révolution française, aussi chimérique que tout le reste; car on voit bien que *révolution* est emprunté du mot latin *revolutus,* qui signale un serpent roulé sur lui-même. C'est Python, et rien de plus.

8° Le célèbre guerrier du XIXᵉ siècle avait, dit-on, douze maréchaux de son empire à la tête de ses armées, et quatre en non-activité. Or les douze premiers (comme bien entendu) sont les douze signes du zodiaque, marchant sous les ordres du soleil Napoléon, et commandant chacun une division de l'innombrable armée des étoiles, qui est appelée *milice céleste* dans la Bible, et se trouve partagée en douze parties, correspondant aux douze signes du zodiaque. Tels sont les douze maréchaux qui, suivant nos fabuleuses chroniques, étaient en activité de service sous l'empereur Napoléon; et les quatre autres, vraisemblablement, sont les quatre points cardinaux qui, immobiles au milieu du mouvement général, sont fort bien représentés par la non-activité dont il s'agit.

Ainsi, tous ces maréchaux, tant actifs qu'inactifs, sont des êtres purement symboliques, qui n'ont pas eu plus de réalité que leur chef.

9° On nous dit que ce chef de tant de brillantes armées avait parcouru glorieusement les contrées du Midi, mais qu'ayant trop pénétré dans le Nord, il ne put s'y maintenir. Or, tout cela caractérise parfaitement la marche du soleil.

Le soleil, on le sait bien, domine en souverain dans le Midi, comme on le dit de l'empereur Napoléon. Mais ce qu'il y a de bien remarquable, c'est qu'après l'équinoxe du printemps le soleil cherche à gagner les régions septentrionales, en s'éloignant de l'équateur. Mais au bout de *trois mois* de marche vers ces contrées, il rencontre le tropique boréal qui le force à reculer et à revenir sur ses pas vers le Midi, en suivant le signe du Cancer, c'est-à-dire de l'*Écrevisse*, signe auquel on a donné ce nom (dit Macrobe) pour exprimer la marche rétrograde du soleil dans cet endroit de la sphère. Et c'est là-dessus qu'on a calqué l'imaginaire expédition de Napoléon vers le Nord, vers Moscow, et la retraite humiliante dont on dit qu'elle fut suivie.

Ainsi, tout ce qu'on nous raconte des succès ou des revers de cet étrange guerrier, ne sont que des allusions relatives au cours du soleil.

10° Enfin, et ceci n'a besoin d'aucune explication, le soleil se lève à l'Orient et se couche à l'Occident, comme tout le monde le sait. Mais pour des spectateurs situés aux extrémités des terres, le soleil paraît sortir, le matin, des mers orientales, et se plonger, le soir, dans les mers occidentales. C'est ainsi, d'ailleurs, que tous les poëtes nous dépeignent son lever et son coucher. Et c'est là tout ce que nous devons entendre quand on nous dit que Napoléon vint par mer de l'Orient (de l'Égypte) pour régner sur la France, et qu'il a été disparaître dans les mers occidentales, après un règne de douze ans, qui ne sont autre chose que les douze heures du jour, les douze heures pendant lesquelles le soleil brille sur l'horizon.

Il n'a régné qu'un jour, dit l'auteur des *Nouvelles Messéniennes*, en parlant de Napoléon; et la manière dont il décrit son élévation, son déclin et sa chute, prouve que ce charmant poëte n'a vu, comme nous, dans Napoléon, qu'une image du soleil; et il n'est pas autre chose; c'est prouvé par son nom, par le nom de sa mère, par ses trois sœurs, ses quatre frères, ses deux femmes, son fils, ses maréchaux et ses exploits; c'est prouvé par le lieu de sa naissance, par la région d'où on nous dit qu'il vint, en entrant dans la carrière de sa domination, par le temps qu'il employa à la parcourir, par les contrées où il domina, par celles où il échoua, et par la région où il disparut, pâle et *découronné*, après sa brillante course, comme le dit le poëte *Casimir Delavigne*.

Il est donc prouvé que le prétendu héros de notre siècle n'est qu'un personnage allégorique dont tous les attributs sont empruntés du soleil. Et par conséquent Napoléon Bonaparte, dont on a dit et écrit tant de choses, n'a pas même existé, et l'erreur où tant de gens ont donné tête baissée vient d'un *quiproquo*, c'est qu'ils ont pris la mythologie du XIX° siècle pour une histoire.

P. S. Nous aurions encore pu invoquer, à l'appui de notre thèse, un grand nombre d'ordonnances royales dont les dates certaines sont évidemment contradictoires au règne du prétendu Napoléon; mais nous avons eu nos motifs pour n'en pas faire usage.

FIN

PARIS. — IMPRIMERIE DE É. MARTINET, RUE MIGNON, 2.

PARIS. — IMPRIMERIE DE E. MARTINET, RUE MIGNON, 2

www.ingramcontent.com/pod-product-compliance
Lightning Source LLC
Chambersburg PA
CBHW060623050426
42451CB00012B/2399